AF275564

AUTÓMATA

Munin

Colección ites

PRÓLOGO

*Si pudiera arrancar la piel y ponerla a trasluz,
¿sabría encontrar el hueco perdido en la herida?*

MUNIN

Bocanada de aire pasa por el refutar del autómata, reblandeciendo sus órganos: aleitado apetito de vida.

Autómata es un poemario en el que encontrarás la pasión del autor en cada una de sus palabras, adentrándonos en poemas que después de ser bebidos calman la sed.

El poeta Munin nos conduce en su libro por un sendero en el que sus letras conjugan al ansioso desaliento con una esperanza esperada.

Un camino de espacios muy íntimos es el que este poemario nos lleva a recorrer, y en el que la ansiedad se ahoga en el desgarro de un grito de fe.

El silencio también interviene en esta escritura automática, qué silencioso el silencio, acaricia las entrañas del autor, dejando un rastro inminente en sus versos que no te dejarán indiferente.

Un escenario de luces y sombras. Lo orgánico lo hace muerto, lo inerte lo hace vivo, y a él la naturaleza lo hace aliento.

El cantaor y poeta Raúl Micó abre una puerta de salida hacia la reflexión y la calma que nos permite ser frágiles, sin disimulo, exhibiendo una cuerda que cuelga y a la que podemos agarrarnos, sostenernos en la ingravidez que somos.

7

Hombre profundo que se entrega al sentir, con pulso, sin pedir nada a cambio, como un pájaro que ofrece su cantar en las mañanas para quien lo escucha.

Característico a mi conocer por su desmesurada imaginación que despliega arte. Él disfruta de su hacer. Ojalá quienes lo descubran vivan su aventura poética con el ímpetu que al autor le imprime.

Querido amigo, gracias por regalarnos tus sentimientos y emociones, por plasmar tu voz fresca e intensa en estas páginas con una poesía esta vez automática y tan llena de sentido.

Lorena Jiménez Martín

PARTE I
AUTOMATISMOS

TÚ LO SABES

Si tú supieras, ya serías un sí o un no.
Pero ahora solo eres como unos papeles mojados dentro
de un cubo de agua, entre mis piernas,
todos con tu nombre.
Y que arrugados y húmedos lanzo cada día a la tierra,
empapelando así el suelo que ha de llevarme hacia ti.
Deshojándolos como una flor de esperas en mis manos.
Enamorado de nada.
Ilusionado por nada.
Aborrecido de todo.
Acontecido.
Amontonado.
Hierático.
Como soñador de insomnios que soy.
Calvicie en las pestañas de tanto retener el llanto.
Coronación de los duelos.
Si tú supieras, ¿querrías?
A veces pienso que sí, otras que no, otras simplemente
no pienso, y es ahí donde más cercana te siento.
En mi memoria navegas con plenitud de alas
y abstinencia de reservas.
Acaparando mis breves huecos dedicados al amor.
Ese que no quiero pero deseo, ese que no busco pero espero,
ese que me gusta ver en otros y encelarme, y rabiar de envidia,
y seguir soñándote amor que no ya crece,
amor que ya no quiere, amor que ya no puede,
amor remendado una vez más, tras millones de heridas.
Amor galáctico, amor terrenal, amor incierto.
Amor que ya no es más que una película, con un preciso final
abierto. Amor pronosticado, amor diagnosticado,
amor predestinado a no calentar mis inviernos,

a no calcular las dosis, a no vaporizarme el alma,
a no solidificar mis aguas, a no enfriar mis infiernos.
Corazón crudo, barro y grava.
Amnistía vocal, para decir te quiero.
Vergüenza ajena, para ser humilde ante ti.
Coloquio, café y copa, para delimitar el espacio.
Absenta, lira y canto, para romper los silencios.
Arenga, silicio y sangre, para intimidar el ego.
Amor abstracto.
¿Por qué me enveneno con tantas dudas?
¿Por qué me mato?
¿Por qué me colmo de ansiedades?
¿Por qué me mato?
¿Por qué no ir, aun sin querer ser recibido?
¿Por qué me mato?
Puede que esta lluvia algún día cese, pero ahora está diluviando.
Y aunque me ahogo te quiero cerca.
Te quiero libre.
Te quiero en el camino, presente o ajena.
Te quiero sentir viéndome en mi soledad.
Te quiero llorar de alegría.
Te quiero besar el aroma, contaminando mi aire.
Te quiero ver lejos y cerca, pero siempre caminando.
Esta pobreza de empeño, duerme atenta en mis bolsillos.
Esta soledad que ya pesa, viva y coleando,
frente a mí viviendo lo que yo no vivo.
Voy a cerrar los ojos, y voy a volver a verte.
Si tú supieras...
Tú lo sabes.
Yo lo sé.
¿Quieres verme?

Y sin poder decir que no

Y sin poder decir que no.
Siempre te niego el ahora.
Siempre me cubro de arena.
Me amparo en la noche
que sube por mí,
como un aire por la garganta.
Lleno de espinas y cieno.
Y sin poder decir que no.
Broto de nuevo en tu tierra.
Amanezco tras tu ventana.
Soy posición, en tu gran desajuste.
Y no te niego pudiendo,
y no me seco llorando,
y no me arrugo en tus dedos.
Y sin poder decir que no.
Aumento tus pequeños charcos.
Ladro a tus costes y precios.
Amo tu parada coronaria,
pero no te niego.
Y pudiendo así callarte...,
me despido, y luego muero.
Y sin poder decir que no.
Quedo parado, y asiento.
Cortado por mil cristales.
Vidrio y cuna.
Porciones de mí,
paraluces en el pecho.
Y no te niego, prefiero adularte.
Roto y plano, frío y yermo.
Y sin poder decir que no.
Prefiero acunar los verbos.

13

Dejarlos dormir tranquilos.
De nuevo anularme entero.
Pasarte por el lado, borroso, nebuloso,
por mí... absuelto.
Y no te niego, airado.
Y no te hablo, te temo.
Y sin poder decir que no.
Al final, por fin te niego.
Pero los altares están vacíos.
Vacíos de nosotros.
Y aun con nosotros vacíos...
yo negarte no puedo.
Y sin poder decir que no...

Silencio en el apeadero

Me gustaría amar una brevedad intensa tras otra.
Un breve chispazo ardiente.
Una fugaz estancia en el alma.
Y que dure el amor un instante.
Y que duren los besos mientras surjan.
Los abrazos, mientras den calor.
Las caricias, cuando apetezcan.
Una vida entera, entre tú y yo... breve. Pero real y certera.
Y que el amor sea cachitos de nosotros, a ratitos,
viviendo entre nosotros.
Pero sin longevas esperas.
Sin grandes escenas.
Sin necesidad de honores.
Breve amor, brevemente.
Porque todo lo que perdura acaba siendo
un mero esfuerzo de aquí y ahora.
Un desdibujado corazón.
Una inflamación cerebral.
Sutura y costumbre.
Miedo y temblor.
Difícil decisión.
Soledad y bruma.
Yo quiero un amor tan breve que dure toda una vida.
En distintos cuerpos, en distintas noches, en distintas camas.
Pero que siempre seas tú, mi breve sueño de amor.
Porque todo lo que perdura...
acaba muriendo de sí mismo.
Porque todo lo que perdura,
no es más que un apeadero lleno de silencios, de vacíos,
en mitad de una noche oscura,
a la que a veces llamamos amor.

AMOR Y NADA

Predica tu nombre, y que me atropelle el cuello,
volviéndose prenda.
Me apetece tu calor.
Aborréceme de tanto usarme.
Voladura en mis manos.
Ácido nombre el tuyo, demoliendo muros.
Vapor de invierno.
Abotóname el cuerpo, que se me desprende el alma.
Parálisis al pensarte.
Y sé que nunca, quizás.
Pero ese olor lejano, es látigo en mi imaginación, presa de ti.
Acorrálame en tu mente, que no quiero pasar de largo.
Inquietud al soñarte.
¿Imposible estancia?
Ser ajeno a los bordes, por donde se me caen los besos.
Intrígame más, sin freno, que nunca llegue a tus fines.
Sonrisa como diagnóstico.
Debilidad de pareceres.
Igualdad en los pasos, tan divergentes que cuanto
más lejos los siento, más se me van acercando.
Anochezco, en tu horizonte.
Amanezco, en tu silencio.
Amenazo, tus descuidos.
Avivo, tus complejas hogueras.
Le pregunto a tu pasado.
Le suplico a tu futuro.
Te reclamo y te olvido.
Y mientras tanto te amo.
Te retomo y me aparto.
Te sigo soñando despierto.
Te sigo en la cuesta arriba.

Te sigo esperando a diario.
Brotas en mi boca como un claro verbo, o un desliz enamorado.
Ahora mismo soy el alba.
La nitidez, el invisible descaro.
Un corazón trasparente.
Una fogosa flecha, que va directa a tus manos.
Dirige la trayectoria, o rómpela en mil pedazos.
Mía siempre, será la espera.
Tuya siempre, será la calma.
Tuyo siempre, mi universo.
Mías siempre, tus palabras.
Nuestro nunca, amor soñado.
Nuestro siempre, amor y nada.

Entierro y amado

De amor a muerte, hay un instante.
Y brotan las azucenas, y las venas parten al alba,
robando lágrimas al rocío.
Y se despliegan las almas,
rumbo al ligero acunar de tus párpados...
Cada vez más vacíos.
Amor y muerte, parte del hambre.
La alborada corra por las raíces.
Las que llevan ya tus olores
sobre los ropajes del fin; amamantados.
Por alambiques y senos.
Riadas, ensucien las pieles.
Claveles, les limpien el barro.
Arrodillados podemos vernos,
desde lo alto de nuestras ganas
de vernos, arrodillados.
Aislados, el uno del otro.
Psicológicamente ciegos.
Derretidos, sobre el suelo,
desabrochándonos los cuerpos.
Espalda y rotura.
Pellejo y ruegos.
En caída libre, están cayendo unas fauces, añorando
las heridas.
Corcho y relieve.
Presa y plomo.
Corrientes y espirales sobre los mares donde nos ahogamos...
Navegando por nosotros.
Sobre una barca de manos.
Amor y suerte, expedición lejana.
Los despistados, somos.

Los arraigados.
Los elementales.
Los pánfilos.
Los concluyentes.
Los atrapados.
Los posibles.
Los certeros.
Los emigrantes.
Los dejados.
Del amor a la vida hay un nombre.
Uno que casi nunca nombramos.
Un lubricán dolorido.
Una vidriera en las manos.
Una voz grabada en piedra.
Un medias tintas, callado.
Del amor al amor, hay un entierro.
Y morimos, amando al aire.
Y vivimos, siempre amando.
Amor y muerte.
Amor y vida.
Amor enterrando al amado.
Amado, que vuelve amando.
Amando, una nueva eternidad.
Amando, un nuevo fracaso.

ARMANDO AL DESAMOR

Hay una voz que me llama, sin sonar todavía en mí.
¡¡Pero cómo me araña el alma!! Y la calma que he labrado
lentamente, no buscando, no queriendo, no dejándome ir.
Hay un golpe entre costillas, que se descuelga en mi estómago.
Allí llora, ríe y canta, y me remueve los sueños
hasta elevarlos al alba.
Y amanezco de ti a ti, y anochezco en la memoria
de un semihombre que me grita y me repite tu nombre
hasta estallarme el cerebro.
Hay una imagen lejana, deshojada y pálida, que me rompe
los cimientos y acelera mis instantes, de pulso acelerado,
de miradas perdidas, de amor soñado.
Y ahí está su estampa, sin saber que la miro, la imagino
y la acaricio escondido en mi elaborado silencio,
que está avasallando al suyo, en un continuo ir y venir.
Hay un color oxidado, un estilete de cera, y dos cirios
de cristal pardo. Un imposible en el aire, ¿una mera posibilidad?
Un delicioso atasco.
Y me refugio en mis dunas, y en mi desierto de ardor.
Y me caliento con su ámbar, su doctrina y el mero hecho
de ser una simple hoja, en su selecta flor.
Hay ilusiones llagadas, y hay presencia y comisiones.
Mordeduras sin bocado, celeridad sin respuestas, palíndromos
sin holgura, hay posiciones en boga, hay cadenas, hay rumor.
¿Hay novedad en todo esto?
¿Y viejas heridas ya cansadas de sus curas?...
Cura y dolor.
Yo ya no busco, ni recibo, ni anhelo, ni estoy presente,
ni soy ajeno, ni merecido, ni herido, ni convincente.
Ya no debo, ya no inspiro, ya no dudo, ya no puedo,
ya no pido.

Ahora soy una tez dejada sobre una mesa de hielo.
Pero me encantaría ser en tu boca, nuevamente un te quiero.
Pero no soy más que susurros, llenos de arañas, lejanías
y cieno.
Puedo estar eternamente en este estado de letargo,
si es merecida la espera.
Amor tácito.
Amor sombrío.
Amor hermoso.
Amor de calcio.
Amor de cantina.
Amor lóbrego.
Amor alado.
Amor de presencias.
Amor no etiquetado.
Amor, ¿tú me oyes?
Sigue así, aéreo.
Sigue así, domado.
Sigue así, gritándome.
Sigue ahí, callado.

Si tú supieras

Si tú supieras que ahora te besaría hasta el alma,
el aura y los límites...
quizás decidieras arroparme esta noche.
Si tú supieras cómo te sueño.
Cómo somos en ese sueño.
Cómo habitamos en él...
Quizás quisieras firmar el trato.
Si tú supieras cómo te añoro...
sin ni siquiera haberte encontrado en medio
de esta indecisión tan fría.
Si tú supieras cómo te extraño...
siendo extraños todavía.
Si tú supieras cómo te pienso.
Independiente y entregado.
Pensando que si pensar fueran caricias,
hasta sin mi presencia, notarías sobre ti, mis manos.
Pero...
seguramente yo soy todo eso que te mereces,
pero casi nada de lo que quieres, casi nada de lo que pides.
Y no hay apenas devolución de sueños, ni un profeta mental
platicando, y predicando en tu aire un te quiero.
Esa es la triste verdad del amor.
Repetir roles y sobresaltos.
Decidir prematura y vorazmente.
Volver una y otra vez, a la sinrazón de la vista.
Encontrar y no querer.
Desear y no poder.
Ser, y pasar de largo.
Estar, y esperar sufriendo.
Pasar, y una vez más, a la regresión y llanto.
Amor tengo, y amor cedo.

Amor te ofrezco, y amor regalo.
Amor guardo y amor queda.
¡¡Ay, amor!!,
si tú supieras cuánto...

De variaciones o treguas

No esperes de mí amaneceres,
que no te fueron ya concedidos.
No esperes válvulas de escape.
Ni migraciones del miedo.
No esperes cálculos claros.
Ni variaciones o treguas.
No esperes de mí lo que a ti,
te gustaría que yo fuera.
No esperes de mí rotaciones,
ni movimientos hostiles.
No esperes ansias sin frenos.
Ni párpados, sin desiertos
posados en mis mejillas.
No esperes lumbre o cobijo.
Ni soledad, ni noches,
ni tampoco esperes días.
No esperes de mí soluciones.
Conversaciones que sanen,
o voluntades ajenas.
Ni brisas detrás de los ojos.
Ni quieras burdas caricias.
Las que duermen en mis manos,
sobrecargadas de penas.
No esperes de mí el alivio,
que necesiten tus sombras.
Ni la repuesta obvia.
Ni el brote, desmenuzando la tierra.
No esperes mi falso beso.
No esperes mi brioso tacto.
Ni el óxido de mis cadenas.
Yo sea, complemento vacuo.

Recipiente de esperas.
Disolución del verbo.
Pareidolia en las sábanas.
Inundación en la boca.
Profanación en las venas.
Origen y desempeño.
Altura y brizna de hierba.
Una alabanza a lo lejos.
Unos clarines que esperan.
Algo que tú nunca esperes.
Algo que tú te merezcas.
Sonó este concierto de almas...
y nos pilló a ambos, entre medias.
Dígase pues, este ahora.
Diríjase pues, esta orquesta.
Y nada de nadie esperemos.
Y nada por nada, sea la meta.
No esperes de mí más que esto.
No esperes de mí las estrellas.
No esperes de mí el orden en tus silencios,
y las soluciones claras.
Porque yo...
no espero de ti, más que todo.
Todo y algo.
Algo y nada.

Silentes y desabrios

¿Y si me prendes un poco aquella llama lejana?
Oscuro parto hacia ti.
Oscuro, siendo elegido.
Oscuro te espero.
Oscuro quiero llegarte.
Oscuro, te pertenezco.
Oscuramente encendido.
Hasta tu latido intuyo,
hasta tu olor,
hasta tu tacto y tu aliento.
Y me derrito soñándote,
cada día más despierto,
cada día más intrigado,
cada día, y en todo momento.
Esta cadena de ardores,
este tira y afloja, es tan atractivo...
Que estas lagunas mías, a las que siempre me asomo,
siempre reflejan tu rostro.
Tu rostro, tu silueta y tu pelo, tu pelo siempre encendido.
¿Y si me prendes esa llama, y acabas con este frío?
Tú que eres así, casi impenetrable, misteriosa, plena de vida.
Vida que pasa, eres.
Y pase yo, sobre nosotros, como un bloque
de cuervos silentes y desabríos.
Y al verte de cerca me calle...
queriendo comerte a gritos.
La noche me ceda una tregua.
Barcas perdidas del río.
Los dedos rozando en el agua.
Tus reflejos y los míos.
¿Y si nos vemos soñando?

¿Y si nos damos heridos?
Tú, desde tus silencios amplios.
Yo, con esos silencios míos.

Este desliz del alma

Hoy, el aire lleva tu nombre.
Tus colores, y tu leve roce.
Y allí estás de nuevo,
ocultándote y atardeciendo.
Yo llevo el alba en la boca,
que amanecida te nombra,
cada mañana, y cada noche.
Y te acercas y te alejas,
y te siento en cada rincón.
Y te prendo en cada esquina,
abarrotada de frío.
Y de telarañas viejas.
Y en cada silencio partes.
En un viaje de ida y vuelta,
donde siempre volvemos a nosotros
de una forma diferente.
Sin llegarnos a extender,
más allá de lo imposible,
más allá de lo coherente.
De latido a latido.
De rotura a rotura.
Pero sonriéndonos, siempre.
Me apetece tu presencia.
Porque ya te alojaste en mí,
sin ser todavía un hecho.
Ni siquiera un trasnochado plan.
Un retorcido plano.
Un nuevo fallo, o un nuevo acierto.
Me apetece tu presencia.
Me apetece pensar que...
quizás algún día estemos,

como dos espacios inertes.
Como dos nuevos recuerdos,
que luego, tras abrazarse,
empiecen a estar presentes.
Cual código indescifrable.
Cual contraseña sellada.
Cual un todo o nada,
que nos susurra impaciente.
Tras toda esta quimera.
Este desliz del alma.
Esta ociosa vida.
Y esta placentera muerte.
Me apetece tu presencia.
Aunque no pueda tenerte.

Poema de la premura

Ardía, la seca pana penando
el aliento del amante.
La voz seca
y la garganta, cargada de
adobe insomne.
Alarmas claras del alma,
piden agua a los instantes,
y sube una luz delgada sobre los hombros del hambre.
La premura del cansancio deja paso al poso de la sangre.
Vienen dos arcos tensados
para disparar calambres.
Allí donde nada es calma.
Allí donde todo es sobrante.
La premura deja una lágrima,
tras un ojo de diamante.
El caballo trota ciego,
sobre alpacas y cristales.
Espuelas de cardo y viento,
beso herido del amante,
trote sucio del cangrejo,
que vive bajo los labios
de a quien arrepentido besase.
Brebajes de la espesura,
donde tu callo estampes,
gritos de la nadería
en el valle de la sangre.
Y el antes paso del caminante,
ahora se detiene delante del aire,
premura cargada de hermosura,
arranca los telares de un alma tan pura.

Errantes dibujan las ortigas,
dolores bajo palio de lenguas parlantes,
los tiernos aman a los cobardes,
arrugas van lloradas, tan viejas y dolidas
bajo el rumor de las artes.

Amantes de carretera

Amantes de carretera, de viaje eterno como anexo
al complejo pacto del amor.
Amantes de pensamientos, que se imaginan a oscuras,
soñando el roce de los cuerpos.
Amantes en ida y vuelta conversando con el miedo,
de olvidarse y acostumbrarse al frío y cómodo silencio,
pero luchando insaciables dando sentido a un te quiero.
Amantes como figuras sobre un estanque de aguas negras,
donde un sol dora las espaldas, pero las sombras enfrían
los rostros yermos de caricias nuevas.
Amantes pese a todo, con deseos lejanos, manos cosidas
de espera y labios tapizados de hiedra.
Con oídos cansados y porqués escupidos a una palangana
ya desbordada con bordes de hiel y cera... pero amantes.
Amantes que se aman y se miran por encima de los muros,
en silencio, sin perder los breves movimientos que regala esa
lejana distancia que siempre los pone a prueba.
Acariciar el cristal.
Besar el aire y las piedras.
Beberse a pequeños sorbos.
Deberse la piel entera.
Porque quieren.
Porque pueden.
Porque tal vez... así sea.

Invierno carmesí

Carmesí flotaba un doble panal de inviernos.
Que fríos en los ojos miraban, un cierto calor lejano.
Y yo ahí, sentado sobre la boca parlante del tiempo,
esperando amar sin reservas, sin angustias ni límites,
sin mandatos, sin condiciones.
Arruinada ya la verdad pidiendo préstamo al verbo,
dejo pasar el placer y la lujuria más allá de la imaginación,
claudicando, varado en el hastío.
Y por poner un pero al horizonte gris, diré que nada
es más áspero que esperar lo que se sabe lejano y casi inerte.
Y él tiene gran culpa de acelerar la nostalgia, proponer
la calidez y nunca traer la lluvia.
Alabado el instante en que dejas de desear para esperar,
para aprender a merecer, para saber que si ha de venir, vendrá.
Y te miras y te ves cada vez más vulnerable, más lúcido,
más precoz y fugaz, más etéreo y terrenal, más gélido y ansioso,
más divino y voraz, más decrépito y sabio, más sólido,
más querido. ¿Más válido?...
Igual.
La falacia como voz en *off* mendigando en tu cerebro,
contándole al subconsciente un cuento de negra hambre.
Que se derrite entre los ojos y la nariz,
antes de llegar a nombrarse.
Buceo y buceo en el estanque del alma
y cada vez la conozco menos.
Ya no se divisa apenas la superficie ni los corales primeros,
ni el dulzor del río, ni la brisa, ni la corriente, ni el miedo.
Dónde quedaste, ¡oh!, ocasión primera.
Qué pálpito dejaste sin cierre, sin latir infinito, con corazón
obstinado y sangre lenta, sin oportunidad de volver...
a reescribir lo que ya está escrito, para volver a volver.

Dios de la nada

Esa necesidad de este apego, tan triste y elocuente,
esa pregunta continua.
Una doble imagen de mí repeliéndose sin piedad,
mientras se devora a sí misma, amante y paciente.
Ardor y frío.
Carencia y sobras.
Reposo y ansia.
Un sí y un no continuo, rondando la expansión del pecho.
Y volveré a preguntarme.
Y volveré a trasnochar.
Y volveré a pasar de largo.
Dios de la nada impune, sólido y perfecto.
Acaríciame colmado ya de mí mismo, y permíteme ciertos
momentos de paz, donde vino y vida sepan a dulce alivio.
Alto propósito inerte.
Alto ser divino.
Bronce y llama.
Muda y piel.
Protégeme de mis semblantes, de mis copias...
De mí mismo.
Vida y miedo.
Paso y poso.
Rosa y espina.
Realidad y sueño.
Protégeme, dios de la nada.
Como si no hubiera remedio.
Como una probabilidad mínima.
Como un feligrés de lo nuestro.
Pues a la nada voy.
Pues de la nada parto.
Pues de la nada vengo.

PREMURAS

El blando trapo
y la ungida venda.
Profano y pálido
dormitorio de alambres
y marcos sin espejos...
Adornan lo inevitable.
El yermo camino presta
la blanda luna a las manos.
Y entre los dedos se cuelan los amores.
Y las promesas al sur,
salado y negro.
Sobrado de amaneceres
claramente me despacho.
Y paso a anidar en las sienes.
Y converso con mis secretos,
asomando por tu oído.
Como un borroso mirador.
Esta adrenalina inerte.
Este respirar eléctrico.
Esta condición plana.
Este inmolado pecho.
Esta promesa a mí mismo.
Este cincel sin madera.
Esta lámpara de cieno.
Este colofón a la obra.
Este despecho a las normas.
Este delicado cuento.
Este hombre que te habla...
Rosa y puño.
Brida y yeso.

Aborrece esa parte
de mí.
Que parta.
Y no vuelva a querer ser en ti,
como tesela imprescindible.
¿Dónde encontrarte, ruido interno?
¿Dónde?
Obstinados se hallan el pálpito
y la cadencia,
pretendiendo acortar distancias.
Comiencen pues las premuras.
Premura en los labios que me nombren.
Premura en las manos
que ardan por mí en sueños.
Premura al morir las reseñas.
Premura en la conjunción de verbos.
Premura de amor.
Premura de ayeres.
Premura al crecer la premura.
Descanso leve.
Insomnio eterno.

¿Cómo aman las soledades?

Pudiendo ofrecerme a la norma, prefiero ser la diana,
y el ardor en boca ajena.
A veces carezco tan fuera de todo, tan lejano a los acentos,
tan voraz de polémica, tan prendido del frío,
que no sé dónde iniciarme.
Y ya no hay incendio, ni cardio.
Ni hoguera donde prender llamas nuevas, y notar la quemazón
en los párpados de quien ya no sufre por mí,
de quien ya no sabe llorarme.
Pudiendo ser uno más, elijo siempre el entierro. Por delante
de vidas sin rostros, sin vestimentas, sin nada que ganar,
con todo que perder. Prefiero verme siendo aquel,
aquel que ser ya no puedo.
Sociedad del yo.
¿Cómo aman las soledades?
Si soledades quieren ser.
Si nada, ni nadie.
Si plenas y áridas.
Si todos a la vez.
¿Cómo aman las soledades?
Tan profundas y ajenas.
Necesitadas de albores,
sobrepasadas de ayeres.
Cada una en su unidad, desordenadas, ungidas de atardeceres.
¿Cómo amarnos sin hablarnos?
Si después de todo, pasamos leves sobre el tiempo...
Quizás entonces, hasta nos queramos.
Pero pudiendo ahora darnos...
ahora, no nos damos.
Solo vine.
Solo parta.

37

Y entre mis soledades estés.
Tú, mi amor imposible.
Mi abismo.
Mi nudo en el estómago.
Mi velada imaginación,
hiriente, como un reflejo de mí.
Soledad que no ocupo.
Soledad que no me llena.
Tú, amando algo...
Sola allí.
Yo, amando algo...
Solo aquí.
¿Cómo aman las soledades?
Quizás amen así.

Vampíricamente

Pongo el cuello y la vena.
Cedo la sangre y el cuerpo.
La vida mortal y el aire.
El sol, los amaneceres.
El reflejo y la cordura.
La hospitalidad y el calor.
La cortesía y la salud.
Las buenas intenciones,
y el olor fresco.
El latido.
La empatía.
La bondad.
La melatonina.
Cedo también el hambre.
Apuesto todo a la sed.
Al hedor.
A la tiniebla.
A la noche y al reclamo.
A la telaraña y al chirrido.
Al vacío y al gusano.
Abro mi ventana esta noche,
para que vengas a mí y me lleves.
Me hagas tuyo para siempre.
Que tu sangre por mi sangre corra.
Que tu hálito sea también mi respuesta.
Que tu negrura dé el sustento a mis manos.
Corazón moribundo, concede a este niño estancado,
su estancado sueño.
Corazón helado, concede a este hombre ficticio,
su ficticio conocimiento.

Queda pues la ventana abierta,
amontonada de polvo,
arrebatada de horizontes,
de ilusiones muertas.
Llena de vaho y visiones...
tan vampíricamente nuestras.

BIENAVENTURANZA

Bienaventurado tu nombre,
que se descuelga ardiente
desde mi oído a la boca,
y te besa el pensamiento.
Bienaventurado tu instinto,
que pasa cercano a mis fieras
y las enciende,
y las encarcela de estancias,
y las encela de abismos.
Bienaventurado tu espacio,
que ya tiene un poco de mí
agarrado a sus paredes.
Arañando tus silencios,
atrapado ya, en tus redes.
Bienaventurada tu imagen,
que cuida mis ansiedades.
Que se estiran hacia las orillas,
del mar que te ve amanecer.
Bienaventurada tu mente,
que generosa ha decidido
pensar un poquito en mí.
Y entre tantos pensamientos,
me hace sentirme elegido.
Bienaventurada esta historia,
que ahora ni crece ni mengua.
Que acaba de nacer, a lo lejos.
Y que ha de morir, muy cerca.
Bienaventurado el momento,
que ha decidido ponernos
en una encrucijada de vientos.
Soplan algunos, tras tu cuello.

Soplan algunos, mis miedos.
Bienaventurados nosotros,
que queremos saber qué fines esperan tras este principio.
Tras esta amistad nonata,
tras este ¿por qué no? tan incierto.
De dos no sé qué lejanos...
que ya se quieren, queriendo.

CUERVO NEGRO, CUERVO BLANCO

Fui tuyo, plenamente tuyo...
¿Cómo has podido sobrevolarme así?
De tus querencias ocultas, partieron mis alas rotas,
que ya no saben volver.
Alma, día y noche compartida,
entre dos almas calladas.
Secretamente te asomaste, a mis florecidas ganas.
Sutilmente te alejaste, volviendo otra vez de mi nada a tu nada.
Quizás vuelvan otras aves alguna vez a tus balcones.
Quizás en la mitad del camino se batan en un duelo apasionado.
Donde nunca habrá ganadores.
Donde nadie será pertenencia elevada.
Solo habrá desorden, y brevedad del ahora, por aquello
que quizás fue.
Que entonces sea el ahora, lo que deba ser esta sombra
sin sentido, bajo el rumor de las ramas.
Yo todavía planeo, tus turbios vientos lejanos, tus corrientes
desdibujadas, pero más adormecido y tácito, más breve
y ligero, como la lluvia en verano, que fuerte llega
y pronto escampa.
¿Qué larga noche sueña ahora en mi pecho?
Qué serenidad doliente.
Qué prevención del alma.
Qué dimensión del cuerpo.
Qué soledad forzada.
Qué poderoso desvelo.
Qué florecida nada.
Qué desamor tan extraño este...
que siendo un amor que puede gritar...
pudiendo gritar, se calla.

VUELVE

¿Por qué nos quedamos siempre
tras una sucia promesa?
Incluso mirando a los ojos y sabiendo.
Como masoquistas.
Como débiles acentos intensamente callados.
Oxidados de amor,
y abrazando un quizás.
Que ferozmente nos abrasa.
El abrazo a la almohada.
La densa respiración.
La pérdida de tiempo.
Una hoja cae y jamás puede volver a su rama.
Pero cuán débiles árboles somos.
Amamos lo que no queremos, solo por no dañar y dañarnos,
y así quedamos escondidos tras nosotros mismos,
rompiéndolo todo.
Aprendí que de esperar solo se aprende la espera,
la administración o el complejo estado de la alarma.
Nada más.
Deja de dañarte.
Supérate.
Apréndete.
Deja apenas una mota
de roto amor más allá de tu aliento.
Y cuando vuelvas sé.
Y cuando pases ve.
Y cuando regrese ves.
Y cuando se asiente des.

AMOR NEGADO

Y el amor pasa negando,
quizás por ya vivido, y dañado.
Tanto que ya no quiere mi estancia
ni siquiera renovada.
Es rencoroso habitante
en la memoria del tiempo,
y no quiere ya ser amado
ni en mi presente envoltorio, disfrazado de fracasos.
Se arruga mi carne allí
donde la nieve quema.
Me absorbe la piedra,
como si agua,
y yo que me lo creo...
Perezco y parezco enterrado broche de dama lejana.
La lente áspera queda, silenciosa,
pálida y curiosa donde los dedos prenden una esfera negra,
y los pájaros ya no pasan,
se quedan helados
mirando este implante de cielo
que ya nunca podrán volver a sobrevolar.
El amor ya no es consciente,
de que aquí se halla
la desazón de la palabra,
escrita ya sin el calor de los dedos,
y no le vale ya mi anhelo,
ni mis ganas de saber,
de querer más quererlo.
Y también saber tratarlo mejor,
y saber quererme tanto,
que cuando llegue sienta paz
en mi mente y sosiego en su pecho.

Queda lejano ya el alcance
que juntos divisamos un día.
El día donde una sonrisa,
viajaba entre las palmas de las manos, cercanas,
pero nunca entrelazadas por el miedo al compromiso,
y que hoy pasan factura al aliento,
ese que, amor tú y yo,
respirar ya no sabemos.
Amor que ya no ama al amante,
que amando morirá solo.
Mientras tú, amor negado, amor negando...,
serás todo lo que quiero.
Siempre detrás de todo.

Nenúfares

¿Cuántas conversaciones
que nunca verán la luz
has imaginado?
En el silencio de tu enojo
o la soledad de tu cama,
como lento pálpito que nos oxida.
Sedientos.

Quisiera volverme a ver,
algún día,
con los ojos de la primera vez.
Acostado en un plato de luna,
de baja esfera,
en un mar empachado de calma.
Espeso.

Alivia ya pues el método
pulida forma del agua.
Sobre mi opaco semblante,
y mis hombros.
Que delgados pasan
la herencia del aquel
que fue y cargó.
Hasta donde pidiéronle atributos
dejó que le dieran palos
llenos de hambre.
Benevolencia.

Experimento cínico
de alabardas y cuencos soy.
Lleno de aglutinadas tumbas.

Manos que dictan y escriben
con una pluma de rábanos
La cruda faz de mi argumento.
Picante.

En el páramo de las acelgas,
ya no hay más verde que negro.
Y la saliva de un deshielo
deja el agua entre árboles y prisas.
Acomplejada.

Nube tardía que aspira
a tapar el sol,
antes acude al encuentro.
Pero es Caronte quien esta vez
cede dos monedas,
a la basta noche del Estigia.
Místico.

Inteligibles para ojos pálidos
pasen de largo mis ejemplos.
Si nadie cree, nadie nada.
El barniz del alma ya no cubre
las hogueras en el pecho
y al mirar me ven,
pero no me entienden.
Indescifrable.

A veces busco entre rocas un acordeón de instantes.
Allí digeridos quieren hacerse notar.
Rumiantes, pagando deudas,
paladares y escombros,
de este proyecto de sangre.
Ofrendado.

Disfrútate tanto que parezca
que algo que llegó tan temprano
haga sentir que ya es tarde.
Las agujas en los dedos van saliendo
y dejando una hiedra
de lunares negros.
Detéstate tanto que parezca...
que el esófago está muriendo.
Inanición.

Reniego yo de los cardos,
de los juncos y las aves.
De los bolsos atmosféricos
que guardan lluvias y llaves.
Reniego de las disculpas que
se le dan a mis planes.
Rimado.

Violar nenúfares fálicos
todas causas penetrables.
Trajes de cieno y limo
vistan cañaverales.
Donde se escondan los remos
que han de bogar navíos
de calaveras amables.
Galeotes.

Dormido ya el intelecto
plano a plano,
mapas de arena intactos
quieren ser amargas aves.
Vuelo, cernícalo y bruma
caña y barro

adobe de pieles
armas de nadie.
Coordenadas.

Mejillas de alcohol rosadas
no saben si congelar o exprimir
los fieros posos
ni las enfermizas playas.
Y yo ya no sé si romperme
o dejarme hundido en la lava.
Enfermo.

Se caen las ideas
en los pozos del hombre.
Musgo en los canales.
El atasco.
Y la nada.
Y la nada de los cobardes.

BURBUJA Y ÁCIDO

La burbuja se clava y
fermenta de tu fracaso
a mi duende.
Imploro el ácido a la mirada,
de tanto verte caer desde mi altura
resquebrajo entre uñas mis cimientos.
El eclipse torcido, como máscara me cubre la expresión,
y se me cae la piel por la lágrima,
y se me esparce la escama por el surco,
y llega al suelo colado,
y despojado del plazo sobrante.
La fórmula y la célula.
El fondo, el velo, la obra y el público.
Descuentan ya el primer plano de la cuenta.
Ni uno ni cientos, decorados de albahaca sean y huelan
a lo que yo quiera. Para olerlos, con delicadeza
y paños de brea calientes, sobre los daños.
Tengo el instinto en bucle.
Entre papel y sueños.
Tengo la noche en la mano.
Y un diario vacío, que hace tiempo dejo de hablarme.
Y tengo la impresión de servirme.
Y la certeza del adiós.
La caricia perdida en los años.
Y la distancia en el paladar...
Soñando bocas en flor.

La noche y la pena

Como arrebatado tengo
el bostezo.
Y la bula de ti...
espera ser pagada.
Reservas en los cimientos.
Hacen tambalearse
la respiración y el aire,
tu mismo aire quisiera.
Mi corazón palidece
porque está ahora
exento de tu vitamina.
La piel es cruel, y me atiza.
Siempre castradas las rosas,
hubo una doble muerte en las palabras
que han de traernos
de nuevo a la vida.
Qué extraña ansiedad como nunca vivida,
bajo el calor expuesto y abrazado.
Todas las razones
me ingieren y me vomitan,
más sabio.
Todas las culpas palpan,
todos los aciertos crecen.
Instantes de cruda arenga
entre los labios van y vienen,
y deposito en el aire la cuerda,
y el corte de los amantes
que se merecen.
Y hasta en inglés me habla el subconsciente
y hasta en inglés lo entiendo.

Acoso y derribo del alma,
perforada,
rota de no tenerte.
Creí que fuertes eran los diques
pero ni hay diques ni hay puentes.
Solo vacíos sin ti,
solo arenas que hierven.
Perdóname, luna antigua
si no supe mirarte como mereces.
Hábleme el párpado seco
hábleme y me dijere,
rómpete ya, lobo herido,
rompe los hielos
y las simientes.

FASE I

La expresión queda pálida
después de lo visto.
Ya nadie merece a nadie,
nadie lucha por nadie,
después de lo visto.
Yo a mí, y no me pidas.
Tú a ti, pero te exijo.
Culpas crecen en la boca de quien teme
la capacidad, y la responsable herida de lo nuevo.
Sigue durmiendo, ser despreciable.
Igual que antes.
Sigue dormido en tu podrido ácido
y tu severa angustia,
de no saberte presto para lo regalado.
Sigue jodiéndolo todo y que ninguna lección te cambie.
Qué pena y asco me das,
trozo de carne por ti mismo envenenada.
Que ni perdiendo aprendes
a ganar, a renovarte y a serte fiel.
Allí quedes donde te acoples,
y ojalá no te mueras, ni molestes a los que queremos ver,
con distintos ojos
tras este vómito a la mirada.
Tanta crueldad abrazada de tanta normalidad...
no puede ser más cierta que si fuera creada
por un mal ensueño.
No puedo creer que entre tanta negrura queden
para el egoísmo huecos.
Reventar contra paredes toda la rabia quisiera.
Prívate de salud.
Bebe en abundancia de tu locura.

Pero recuerda aquello... de ti para ti.
Pero esta vez...
sin exigencias.
Y muérete.
Muérete solo... pero conmigo.
Aplaudiendo tus vergüenzas.

Nosotros

Nosotros,
que caminamos juntos,
que nos habitamos.
Fundidos como el agua
nosotros,
que amanecemos del otro,
que nos preguntamos a dónde.
Que nos enredamos y hablamos callando,
sobre los hombros.
Nosotros, que apelamos a nosotros,
jueces de nosotros, nos juzgamos.
Nosotros, que somos pasajes de nosotros.
Influencia, procedimiento.
Nosotros que aspiramos a nosotros...
Nosotros somos.
Nosotros, poseídos por nosotros.
Nos sopesamos, nos soportamos.
Y nos damos la oportunidad de traspasarnos,
y entre sábanas de insomnio, nos traspasamos.
Nosotros, que somos propiedad de nosotros.
Nos vendemos y compramos.
Y nos regateamos la vida,
entre sollozos.
Te reclamo ahora.
Déjate partir.
Ven y arráncate de mí.
Mira mi cara.
Mira tu espejo.
Por ti.
Por mí.
Por nosotros.
Seamos el fin.
Seamos al fin, el otro.

NOCHE DE SOLEDADES

Esa soledad que acompaña a mi soledad,
y que beso cada mañana,
es capa de escombros.
Esa que también quiere llorar.
Esa quiere.
Y no sabe, como yo.
Lupa de un ciego, por delante pasa como trasiego imprudente.
Cuando mueren los apegos,
y quedamos como limpiándonos los estímulos.
Y merecemos la música y la mirada al cielo.
No sé qué derrumbe fue primero,
pero desplomó el velo techado.
Y ahora las goteras solo las cura el cercano encuentro.
Pero nunca deja de llover.
Hambre traes y hambre te dejo.
Arena de espesor doble
pone en mis labios eso que hace que sonrías cuando no te veo.
Somos dos perdidos que se encontraron.
Dos anhelos curtidos de indignación.
Dos historias que nadie cuenta.
¿Dos heridos que se curaron?
Quizás jamás dejemos de estar enfermos de nosotros mismos.
Pero si me alivias juro que te daré alivio.
Solo con pagar el ligero precio de la compañía y el duelo.
De negro a negro.
De boca a boca.
De brecha a brecha.
De juego en juego.
Ganemos o perdamos...
Démonos al menos el tiempo.
El aterrizaje.
La disputa.
El doble sentido a la brevedad del cuerpo.

Siempre

A vueltas con lo mismo.
Con aquello de siempre,
que no tiene fin ni fines,
dentro de mí.
Abrázame. Abrázame fuerte, campo trillado de nardos
y veletas,
y esta vez riega la siembra conmigo.
Y que veinte alabardas doradas se claven bajo las dunas,
de tu corazón y el mío.
¿Por qué este intenso goteo?
De habas blancas, de sierpe y arena,
si siempre vuelvo a lo mismo.
Incluso aprendido.
Incluso sabiendo que no sé nada...
vuelvo siempre estando herido.
Ahora, como siempre.
Me asomo al borde, y veo que nada ha cambiado excepto
las arrugas, y las sienes, y el sabor del viejo vino.
Parten de mi boca dos aves,
rellenas de las mismas historias de siempre,
de los mismos vocablos de siempre.
Y ahí me veo a mí mismo, escuchando,
con la mirada en el sueño,
el cuerpo regalado al tiempo,
y la voz inerte.
Siempre esta rueda de ruegos.
Siempre ese viaje pendiente.
Siempre la misma nostalgia.
Siempre las ganas de verte.
Siempre el doble de ganas.
Siempre algo diferente.

Nunca la meta cercana.
Nunca el callar de los dientes.
Siempre lo mismo.
Siempre nada.
Nada y todo.
Siempre.

DECISIONES

Sin darte cuenta, no buscas.
Sin quererlo, te encuentras.
Sin poder ser, te necesitas.
Sin conocimiento, te anulas.
Sin querer hacerlo, te apartas.
Te piensas, te sueñas.
Te desanimas y pasas.
Y aun sabiendo que si hubo, algo queda.
Tú piensas que ya no hay nada.
Y de nuevo dos mentes se acercan.
Y de nuevo dos cuerpos se alejan.
Y de nuevo el amor se cansa.
Y quizás sería ella.
Y quizás sería el.
Y quizás nosotros siendo.
Y jamás podremos ser.
Si me quieres, ¡¡dímelo!!
Yo te quiero, ya está dicho.
Y si he de volar, vuelo.
Y si he de emigrar, emigro.
Y si he de pensar en necesidades...
Quizás sí, te necesito.
Una duda que te abrace,
será un clavo en tu memoria.
Y la vida mientras pasa.
Y la oportunidad pone a tus ojos un velo.
Y nosotros en medio de todo.
Sin saber si tú y yo, uno.
Sin saber si tú y yo, cero.

PARTIR

Caminar sin soñarte.
Sin verte en cada momento íntimo, donde casi siempre
estás tú, sobrevolando el horizonte.
Dejar de oír el mar y cantar, para que me escuches
sin escucharme.
Dejar de pensar que te tengo abrazada, y con mi cabeza
apoyada en tu hombro, y mirando juntos ese mismo mar...
disfrutando ambos, del silencio.
Dejar de convencerme a mí mismo.
Dejar de intentar convencer al tiempo.
Dejar de dejarme y dejarte, donde ahora te tengo.
Necesito dejar atrás esta quimera.
Estas ganas insanas de ti.
Arboledas del espacio.
Zarzas del quiero y no puedo.
Laberinto de colmenas.
Ardua tarea del olvido.
Alma combativa.
Corazón ajeno.
Comienza el proceso aquí mismo.
Donde más intensamente te he visto, con mis ojos cerrados.
Quede así este amor platónico aquí.
Entre arena, sal y sueños.
Gracias por este breve amor imaginario.
Gracias por este prendido anhelo.
Gracias por ser tan afín.
Por los instantes, que dormirán ya siempre en mi recuerdo.
Al final te olvidaré, sin querer...
Pero lo haré.
Lo necesito.
Y te veré feliz.

Te veré amar, crecer, partir.
Elevarte a las estancias de seda y fuego.
Yo guardaré siempre este ahora.
Este aquí, este momento.
Donde soñé que soñamos.
Donde por un instante te sentí durmiendo,
serena sobre mi pecho.
Parto ya, alma dorada.
Gracias, por tanta lluvia.
Por tanta sonrisa.
Por tanta verdad.
Por tanta realidad.
Por este final abierto.

YOS Y ELLAS

Palabras que no te digo,
me están hablando de ti,
se están muriendo de frío.
Padece entonces la lengua.
Que quiere vertebrar el diálogo
que te debo.
Y no le caminan los verbos.
Pero todo lo pienso andando.
Y en la soledad de la calle...
voy acordándome de mí.
Y me quedo ahí, un buen rato.
Paseando con mi niñez ya lejana,
cogida siempre de mi mano.
Hay momentos donde el alma,
pasa de largo al cuerpo.
Y llega esa cruel costumbre
de querer ser quien ya fui,
sabiendo que ya no puedo.
Que ya no debo.
Que ya no soy.
Que ya no sabría serlo.
Palabras que no te digo,
siguen rondando tu puerta.
Allí se quedan contigo.
Se quedan tentando
la quietud de mi boca
escondidas tras la lengua.
Poderosas e hirientes,
dejándome en evidencia.
Me pertenecen la sombra,
la farola y el asfalto.

Camino veloz y añorado, añorando.
Almacenando pactos
en mis estancias oscuras,
llenas de viejas huellas,
llenas de tantos yos,
vacías, de tantas ellas.
Palabras que no te digo,
se las pido a mis labios muertos.
Amordazados con esparto,
cansados ya de fracasos.
Maduramente inexpertos.
Que muerden ceñidos, las esquinas.
Humedecidas de extraños
soportando este silencio;
acordando las paradas;
y midiendo bien los pasos.
Ya llego de nuevo,
al borde de la montaña
donde siempre miro, y me paro.
De allí parte la cuesta.
Mente arriba.
Pecho abajo.
Palabras que no te digo,
serán dichas sin rubor amargo.
Mientras, sigo mi camino...
Con mí mismo de la mano.
Mis labios llenos de nada.
Mis palabras, vacías de algo.

PARTE II
AUTÓMATA

La niñez y el cuervo

La propia chanza.
El velo rasgado.
La deducción del amor.
Arreglar la locura comenzando a escuchar la cordura.
Y ahora aquí, en el sofá, prendiendo garabatos de hilillo
de voz, para manejar los espacios sin ti, mi más preciada
e inexistente casualidad por venir.
Y si un árbol te da un fruto velado,
cómete el reflejo y la tierra.
La espalda de quien es aún lejano.
Los codos rosados sin madurez,
de un propio reflejo.
Propios y extraños pasean a sus anchas por mis ideas,
y planean mi día a día.
Yo, solo testigo.
Yo, solo autómata.
Yo, presencia enjuta.
Yo, pálpito amargo.
Prefiero esperar un cálculo más ameno, una condensación
de alambiques prendidos.
Organización de la luz.
Pretérito perfecto.
Infinidad, de ramas de tejo.
Apología de la nada.
Anatomía del silencio.
Por qué pensar en las cimas,
si los valles aún están yermos.
Para qué hacer juicios, si el tribunal está todavía naciendo.
Cuajar los controles, para quererte.
Forjar los ideales, para saberte.
Limar las excusas, para creerte.

Donar el pálpito, para rimarte.
Empujar el odio, para quererte.
Querer amarte, para perderte.
Perder las formas.
Formar las redes.
Dividir lo dividido.
Avivar al cirio.
Activar el modo ajeno.
Canalizar el recuerdo.
Esperar al olvido.
Nada pasará mientras quieras que pase.
El futuro es ahora.
Ayer te despreciaba.
Hoy te desprecio.
Mañana...
podredumbre, anatomía, energía y hueso.
Hábilmente me aparto.
Aparento.
Me pongo precio.
Y vuelvo a escribirle una vez más,
a la niñez y al cuervo.

CADALSO

Como un clavo en las sienes,
recibe mi pecho los golpes, cuando aparece por mi mente
tan solo una leve brisa de ti.
Y ya no sé cómo hacerlo.
No sé si ya lo sabes.
O si quizás lo presientes.
Pero mis ganas de abrazarte se han convertido en viento,
y están golpeando incesantes, cada noche tus ventanas.
Te observo en la oscuridad de mis ojos cerrados,
y siempre estás sonriendo.
Y entre tú y yo la vida.
Coreografía de distancias, espacio absuelto, condenada huida.
El roce soñado es bronce de pieles,
anatomía del cristal,
y ajuar de la caricia.
Necesito oler tus noches, las que tú perfumas
simplemente siendo tú, mi más continuo pensamiento.
Y que me devores el alma con los brotes que aguardan prestos
en tus manos, y que han de aplastarme el corazón.
A lo mejor todo esto queda en un ayer que amé y muere
en un mañana velado. Pero esta sensación de certeza, de acabar
un comienzo, de por fin saciar la sed en tu lejano oasis...
me provoca un enganche en la boca del estómago.
Y el hambre se hace nombre, y ese nombre va cogido
a tu mano, como queriendo llamarme.
Alejados, sí.
Añorados, sí.
Febriles de ardor..., también.
Pero sumidos en mil preguntas y amaneceres, que miran
de refilón el lado vacío de la cama.
Quizás ya te esté llorando.

Ya eché de menos tu pelo y tus lágrimas mientras me ves
partir hacia ti, de ti, lejos ya de ti, de nuevo hacia mí, por ti.
Si lees esto, y piensas que también pensando estás...
deja que el tiempo responda.
Acércate a los espejos.
Mírate mientras me piensas.
Y en ese momento aléjate, olvídame, libera pronto
los monstruos que te intenten tentar..., y pon un verbo
a este suceso.
Será ahí donde queden un montón de cenizas
que llevarán mi rostro.
Y ya seré polvo quemado y zarandeado por miles
de noches y lejanías.
Agítalas entonces con las manos.
Sopla un poco sobre ellas...
Y ahí me verás.
Tras todos esos días de espera, de elección, de fracasos,
de insensatez, inocencia y dolor.
Viéndome como tú me ves en tus ojos.
Siendo ya parte de tus ojos.
Como una sola ensoñación.
Como una sola mirada.
Como tú.
Como yo.

DERRAME

Goteo interno,
casi rozando el techo de alambres bajo las angustias.

Colgada la alimaña deja un invierno en la boca párvula,
y estéril de pronunciación.
Y de dos en dos se engrosan,
los quereres altivos.

Dame uñas de destierro y palpa las losas frías,
habla de lo que fueron,
y escupe virutas de hierro,
candentes y desabrias.

Oxido, óxido en las sienes de ya no ser, de no pensar,
de no recordar el calor de tu presencia en la mente.

Alambrada en las mejillas que ahora si quieren rozarse, como
columnas de alabastro verse, y sin ya recordarse mejilla
y beso... parecen meros instantes.

Estirpe de deidades que apenas sienten ya las esferas.
Algodón lejano, entre curvas, entre amarres de pan y ceniza.
Voy cantando los cantares, chorreados sobre el pecho
como líquido de uvas.

Cuna tras cuna el ejemplo, así continuamente pasando,
el todo, la calma y la luz.
Que solo rechacen la sombra, pero una vez dentro del día
por el día digan...
todo es calor y bruma.

Tanto calor.

Tanta bruma.

LECHE DE BREVA

Si pudiera arrancar la piel y ponerla a trasluz,
¿sabría encontrar el hueco perdido en la herida?

Emplazamiento donde degustes los suelos.
Donde se crucen las ideas, que se abalanzan, que se suturan.

¿Cuántos galones de esperma han de llenar la botella...
el día que por fin te des cuenta de que viniste armado
de cabezas y dientes pálidos?

Poca novedad entre el púlpito y la tierra, solo vacuidad,
como la de la fruta madura cansada ya de besar el suelo,
alborada tras alborada.

Quizás la experiencia pida paso al ensueño, otra vez, como
alada estrofa, parida tras una meditación bajo una pérgola,
que está pintada sobre los extensos páramos del cerebro.

Bebedero crónico de sodio, de la mejilla a la boca,
como sellada.
Donde se delimiten los extremos,
que nos dejaron ser antes de estar.

Los sueños sobre las nueces van con los dedos remando.
Cabildo que va apartando las llegadas, y las llamadas,
que en los huecos se enredan.

No ha de pedir exilio este reguero de angustias.
Ha de quedar inmóvil bajo el lodo. Agriando levemente
un capazo desbordado... de blanca leche de brevas.

VAGINA CEREBRAL

Como una vagina
en una cabeza partida,
donde nada penetra.
Dejaron de entrar arenques y algas.
Los que salaron,
los que liaron la ofensa y
la volvieron plástico roto.
Marinos.

Eres una anécdota en este
mundo lleno de opciones.
¿Cómo encajas los sustentos,
que no llegan a saciarte?
Bobo disturbio velado
fotografiado por nada, ni nadie.
Alegórico segmento de duda rota
y savia de almíbar cortante.
Sobrante.

La trenza y la petunia sienten,
el rubor del aliento y el baladre.
Y tú no sientes más que alcobas en el pecho.
Con telarañas afiladas con
pan de oro y mimbres de alambre.
Arrinconado.

Bastardo de necesidades
parido de las mentiras
que cientos de bocas callen.
Arrugado por la sombra
por la granada y la mora

por el jardín de las calles.
Cadúcate, desmedido.
Y no pienses.
¿Adoptado?

Libérame de tu estampa
caballo frágil de humo y aire.
Dame doscientas monedas
y apártate, oh desdibujado ser de hambre.
Placas de miel recubriendo.
Lenguas vienen,
cargadas de diente y derrame.
Aléjate yendo hacia ellas.
Acércate sin ir hacia nadie.
Pálido.

CALEIDOSCOPIO

Asómeme a las puertas del cosmos, y vuelva de nuevo a mí.
Posiblemente me deba más de lo que algún día imaginé.
Quizás sea la niebla.
La infinita presencia.
El bucle tántrico o la tela de araña.
¿Los espacios?
¿La vuelta atrás?
¿El deseo infinito?
Todos de todos, pasemos por todos.
Sobre este haz de luz perseverante y callado.
Y entre las estrellas quede el comienzo, la voz pausada,
la nueva estancia.
Tengo en el pecho una inmensidad sin fondo,
un caer de ojos hirientes, un mirar a la nada que me expande
y contrae, dormido sobre este silencio.
Te hablo a ti, mi nueva vuelta a empezar.
Te hablo a ti, mi florido amanecer.
Te hablo a ti, de ti parido.
Te hablo a ti, clara y futura sensación.
Te hablo a ti, nuevo escenario adormecido.
Perforada ya la inercia...
Partan hacia ti los designios.
Las esporas de sangre.
Los clavos que amarran sombras.
La báscula pasada de almas.
La voz, los espantos, el frío.
¿Cómo honrarte, dios propio de tus espejos?
¿Cómo recibirte, siendo tan duro el reflejo?
¿Cómo aliviar este proceso, de ser acto tan infinito?
¿Cómo nombrarte sin traba, tras este vocablo deshecho?
¿Cómo podrías venir a mí?...
Justo como lo has hecho.

El abismo de la garganta

Cabía en su garganta el mundo,
con sus aguas y sus siembras.
Cabía la araña.
El arenque.
La inmensidad y las colfas.
Las extremidades y la ropa.
Cabía el ego y la esquizofrenia.
El verbo y el silencio.
Cabía el harapo, el payaso y la noria.
El burro y los cardos.
El frío hollín de la rupia.
Pero un día dejaron de caber los principios y el pedernal
gritaba chispas
y tulipanes de fango.
El aderezo fue tempura
acorralada de inviernos.
Y ya no cupieron en el secreto
mil frases
que nunca fueron secretas.
El cielo dejó boca abajo
toda plegaria, babeando.
Pellizcaron con finos dedos
las cumbres bajo los llanos.
Y a veces preguntaron al río: ¿cómo soportas el paso,
y el devenir
de los muertos?
Cadáver plastificado
donde ya no cabe más nada que ocupe espacios.

LAS HABITACIONES, MIS HABITACIONES

Las habitaciones están llenas.
Alicatadas de harapos empapados.
De goteras de arena y trasluz temprano.
De ventanas verticales, y amanecer betún.
De cientos de ayeres grabados a fuego,
en el oxígeno que trago y trago.
La esquina recibe un nombre, por cada pálida mirada.
Y las arañas bailan, y descienden sobre mí,
como un espíritu alado.
Tengo muy cerca la respiración caprichosa,
de un reloj de carne y hueso.
Y se apilan las constancias, y los constantes desvelos.
Trago púrpura.
Tez barrida.
Espacio curvo.
Acidez de la vida.
¿Para qué esperar lo que se encuentra sin buscarlo?
Pereza en la voz.
Pacto sesgado.
Hielo en mis candelas largas.
La certeza en el atasco.
Mis habitaciones están llenas de brotes tiernos y de esparto.
De plagio al cerrar los ojos.
De presteza, sobre el alma a cachos.
Quede pues sobre la losa, que me comprime el estómago...
Una vez más, la mañana.
El despertar.
La aceptación tras el rechazo.
24 opciones más...
y un abrazo.
Que después de preguntarme, miles y miles de veces,
a mí mismo me regalo.

CUTÁNEO

Y va después la aurora
y pretende ser la mesura y el sosiego.
Pero la noche sigue ausente,
dividida y perpleja,
de verme susurrar al corazón la taquicardia de los nervios,
y el no poder saber.
Fresca y sonora es la espuma en la boca, amontonada
y lóbrega quiere dar paso a la entonación,
pero está bajo las sábanas de arrestos y pleuras pálidas,
y sin fondo.
Auguro que algo dolido va a suceder en los confines
de la palabra,
que ya se está enquistando tanto
que no tiene cabida en el insomnio
y la mente.
Que declaración más ácida cae desde el esófago hasta
el estómago, invertida, en dirección contraria a los oídos
podridos por el silencio. Y un castillo se desgrana vacuo
y blando, cual baba de creyente muerto.
Cómo duelen las estancias y las encías calladas.
Cómo ahogan las promesas del quebrado zinc.
Cómo la tristeza abandona el cuerpo, y se hace cuerpo.
Ya ni debo ni sé darme el lugar adecuado ante tanta insana
dejadez de espíritu, inspiración y hambre.
¿Por qué siempre el amado?
¿Por qué muere la música?
¿Por qué la fría elección?
El hastío
El dolor
La culpa
La duda
La disputa

El polvo y la gravilla en los ojos.
No te disculpes ante la nada
de nada que no comprendas.
No te regales al susto,
ni a la palma de la mano fría.
Salta de la cama y huye.
Pero tras la víctima que te ata a sus miedos.
Deja de ser quien quieren.
Déjate llevar al mínimo palmo de un instante.
Ya la pereza deja paso a la deshonra, de ya ni siquiera
reconocerte en los libros escritos al borde de tus espejos.
Me cansa
Me abruma
Me aburre
Me duele
Me raspa
Me pasa de largo.
Y ya no hay saludo
Ni hambre
Ni efervescencia
Ni ganas de luz
Ni culpas de arena
Ni esencia de amar
Ni recuerdos
Ni nada.
La erección cutánea se expande y te logra,
pero ya no hay acto,
ni eyaculan las almas,
ni se preña la sílaba,
ni se engendra el verbo, ni nace la autoestima.
Solo queda la promesa herida.
Y calla la vida.
Y muere la voz.

INCINERACIÓN

Algún día la mano tocará la ingrávida incineración del cielo.
Cuando agradezcas el velo en los ojos cual sufrido espanto,
dejes mi vocación sobre la bandeja y las bayas.
Vinagre en los cuellos lamidos,
por la búsqueda de la dulce caña.
Guadaña de vida y muerte,
cercena el alma en los espejos.
A veces el mundano participio de la inconsciencia,
me sirve de piel cercana.
Y si tan fría fuese la declaración de intenciones,
dudase mil vidas en darle valor, al torcido palmo.
Y quedaremos tantos cuantos quedemos, los que dormimos
al borde de las cornisas.
Tengo la barriga llena de cerdos,
y el hambre en el espíritu.
Creo que una vez morí, y fui tan feliz...
que por eso quiero vivir intensamente,
para volver pronto a mis queridas muertencias*.
Por eso en vez de exigir todo a la nada... nada le exijo al todo.
Porque dejo de estar afiliado a ti.
Porque me quiero marchar a la niebla del abrazo,
que decidió ser ajeno.
Adiós al parlamento.
Firmado queda.
Clame la herencia.

* *Muertencia* es una palabra inventada por mí. De vida,
vivencia. De muerte, *muertencia*.

ROTURA

Me rompo al ver tu rotura.
Y un enjambre de alfileres ciegan la antesala de tus bordes.

Canción amarga de retama
es inspirada en mi mente, mientras mudo soy espectador,
de la apertura de tu sangre.

La carne líquida duele más cuando escucha de tu voz el fuego,
la hiel, el silencio a gritos, que espanta el ya demasiado
fino pétalo de tu paciencia.

Con mis ausencias debiera ser lo más cercano
al primer pie que tocase tierra,
al despertar, a tu intento de caminar hacia
donde ni camino hay siquiera.

Qué incierta esta expansión que deseada salta
de tu boca a la mía.
Tan árida, tan hermética, pero a la vez tan bella y reclamada.

¡Ay!, compañera herida, ni los más finos paños saben curar
esta quimera, la de querer darte todo.

No ha de durar más de cien lunas este sinsabor de cera,
esta lluvia en el estómago.

Porque ha de nacer la disputa que llegue, venza y anide donde
esperando está la dulce miel en las espaldas y el calor infinito
bajo ese mundo que espera... entre pestañas y cejas.

Arde, y resbala por las agujas un espeso caldo de amianto.
Y sobre nosotros clavadas quedan las horas,
y sangrando quedan las musas, mientras espero,
mientras escucho,
mientras sufro al verte sufriendo.

Algo debido será, sé que llegará.
Y al llegar dirá tu nombre sobre un lecho caliente donde tú
y yo ya seremos...,
siento aquellos instantes tan cargados de infiernos,
siento la noche eterna,
y cada pliegue siento.

Pero nosotros ya en paz solo nosotros seremos.

Solo nosotros...

Solo seremos viento.

DIAGNÓSTICO

Ni se cura ni se dobla el mero hecho de ser corazón pálido,
agrio idioma de los sentidos que se palpan, que se empapan.

Ácido y retorcido estudio de la premura.
Gélido ensayo parado y estridente en los ojos y las candelas
de sangre frita, apuntalada de senos y labios secos de danza
erguida, danza sólida.

Calla y clava la mirada más allá del sabido y plácido pan
de los desvelos.

Calma las arenas de la noche un duro trozo de cielo,
que busca sentirse decente mientras prende las raíces de tus
ojos, hacia donde todo espera sin saber que algo ha de llegar.

Adivina qué desprecio sufrió el cerebral síntoma de pensarte.
Fue dolido caldo de verrugas y dátiles negros urdidos
en las sienes de la desventura.

Clama, clama y grita la dulzura que se quedó al principio
de tu fin, volviéndote áspero y poniendo en tu lengua un kilo
de membrillos verdes cuando más necesitabas contar al aire
el sentimiento.

Ya no sé de dónde salen las palabras que regalo, ya no sé
de dónde fluyen aquellas cosas que dejo escondidas tras
un mueble abrazado por arañas, y ya no sé de dónde, a dónde.

Armas de la quietud, dadle violencia al silencio
mientras escupo vinagre como si lágrimas fueran.

A veces viene de repente el perol de las ideas
y se cuece toda rabia, toda lucha pendiente.

Agua
Espejos
Dinero
Estrías
Álgido
Vacuo
Vórtice

Alambique de barro y gasas empapándome la piel,
arrinconándome el habla, deja pasar el invierno tras el calor
de la espuma que como un pañuelo pone meros límites
al alma.

CONVERSACIÓN

Di mi nombre.
Habla contigo, y no te calles más.
Susúrrate qué pretendes o...
deja de mirarte a lo lejos
de este camino,
que juntos hemos de recorrer.

Heridos de amor?
Henchidos de reflejos?
Obligados al entendimiento?
Aun como desconocidos te añoro, mi querido y celoso amigo.

Somos...
dos descensos de luz,
dos enfermas herencias
que se escriben y se leen,
que se solapan y alejan.

Tu voz es el pensamiento.
Del yo títere en la espesura...
Como si nada quedara ya,
entre la sombra y el cuerpo.

Seamos dos elegidas distancias,
dos erigidas estatuas viviendo, una dentro de otra.
Con la igualdad en la memoria
y el deseo en la voz.

Querida mano que agarra, allá donde vuelo migrante...
Dime tu nombre y cede el credo de tu expansión.

Qué te debo y me debes?

Que vas y regresas, que empujas y frenas.
Me miro y te veo
y cuando te veo me pierdo.
Te pierdo.
Dejemos entonces de vernos.

Ojos que viven prestos a estas meras colisiones...
sellar firmemente el delirio.
Que acomplejado vive esperando,
el lucido júbilo de esta anhelada eclosión.

Y ahora, ¿me ves?

DE VINAGRES Y PASAS

Pronto frío entre nudillos.
Bóveda de cristal pardo.

Identidad en la soberbia...
Deja un estanque herido,
de ramas y brotes verdes.

Descarriada va la saliva
pronunciando soledades.

Transcribo el pan de los sabios,
que desmenuzado cae,
sobre los cobres soñados
del mendigo.

Y así con este verso limpio...
arrambla la orquesta de lirios
con el sudor las enaguas.

Entre pazos de sombra y vino,
callan las voces mansas.
Y siete serpientes enfermas
dan el sustento al agua.

Trino cortado y agrio
fría alcoba, dura almohada.

Ceden el paso a la boira
un enrejado de espaldas.
De carne y tesón.
De vinagre y pasas.

Allí donde el círculo deje,
un hueco sobre un
estanque de bendiciones y larvas...

Sufra el alma un expolio,
desde el pelo hasta la ijada.

Pedid alambiques raros necios,
pedid al cielo alabanzas.
De lanza y cuerda las manos
de nube y hierba las miradas.

Y no han de servir los consejos...
Ni hervidos en aguas bravas.

Despegada entre portales,
alma viene por calles bajas,
le alumbran tres claraboyas...
afiladas como azadas.

Y van gritando las nueces
que van llorando peonadas,
su pañuelo está salado...
sus ojos son como arañas.

LEJANÍA

Que tu distancia me besa la sangre, y va dejando caer
una incesante mota de ardor,
en mi reloj de arena.

Reflejan tu rostro los charcos cuando en ellos me asomo.
Y le pregunto a mis ojos.
Pero a veces ni el amor amar nos deja.

Porque la boca le pide cierta mesura a la palabra.
El no tenerte elegida.
El no encontrarte cercana...
cuando más decidido te busco en los límites del verbo amar.

Quiero dejar un susurro
sobre un papel lejano.
Que te nombre
siempre que decidas
escuchar mis te amo callados.

De copa en copa,
sobre árboles saltando
atravieso tu universo.
Y tú pasas por el aire como una candela viva,
iluminando la estancia,
calentando el pensamiento.

Déjame hallarte amor concebido.
Déjame curar el hambre en el pecho.
Y yo dejaré que me veas.
Y yo dejaré que seas lo que de ti ser quiero.
Un lago en calma.
Un latido constante.
Una lluvia incesante en el amanecer del cuerpo.

DE SILENCIO Y CUARTO

Pobre niño, que no quiere amanecer en el hombre.
Y dormido ve pasar las esferas, y los infiernos, el aire vacío
y las dobles formas del cuerpo.
Pobre niño que clama al horizonte mil noches de cariño,
las que nunca fueron. Un abrazo que se promete y nunca
llega, una comprensión atraída, con ganas de ser sombra,
por el largo caminar.
Pobre niño en aquel cuarto, todavía temblando y contando
los minutos, como vidas enteras. Enrobinándole el alma
y matándola fríamente, como si la nevaran miles de inviernos,
mientras se alimenta de ira.
Pobre niño que anula el avance, consiente los lastres
y aminora el sueño, como enredado en plástico
y cuerdas, solo moviendo los ojos, eternamente mirando.
Pobre niño que no avanza, ni deja aumentar el riego.
Y sigue allí donde murió, y nació, y volvió a morir de nuevo.
Pobre dibujo en los ojos.
Pobre sombra venidera.
Pobre raíz sin oasis.
Pobre estampa con heridas.
Ponte virtud sin carcasa.
Pobre noria dolorida.
Pobre hombre que no crece.
Pobre niño, el que lo mira.

AJENO

Polvo.
Arena y grava.
Dolencia.
Perplejo.
¿Qué te pasa?
Quién sabe de mis infiernos.
Quién predice mis planes,
mi arrogancia, mi comodidad, mi duelo.
¿Quién eres?
Algo que ni yo mismo entiendo.
¿Perteneces a este tiempo?
Claro, revivido una vez más paso.
Paso sin saber qué quiero.
¿Para qué?
No sé, pero me viene grande este ahora, esta realidad,
este tiempo.
¿Cuál es el objetivo?
Todavía no lo sé. ¿Pagar, por algo aún en deuda?
¿Vagar por este clima espeso?
¿Cubrir aquel castigo, concebido por la voz de un ayer
aún más doloroso, o quizás más bueno?
¿A quién debo esta agonía?
¿A quién este nudo en las entrañas?
¿A quién esta custodia de los sentimientos?
A un amanecer lejano, donde todavía la meta
era algo más que un sueño.
Alma vieja y condenada a sus últimos años de piel y hueso.
Alma que será energía, dentro de muy poco,
quizás una o dos vidas más, de soportar pellejo.
Alma que rota se recomponga, solo por seguir viviendo.

Alma ajena.
Alma impune.
Alma blanca.
Alma negra.
Alma y cuerpo.
Alambiques en el camino, cada vez más tenues, abrid paso
al entendimiento.
Quiero pasar pronto, y aclarar las preguntas,
de este nuevo renacimiento.
Ya nada es interesante.
Ya nada despierta el hambre.
Ya nada es nuevo.
Solo una copia aburrida.
Solo un retrato mal restaurado.
Solo un corazón de hielo.
Duerme sobrio sobre los balcones
que vigilan esta cima de los vientos.
Y descansa bien, si puedes.
Porque puede que esta historia...
esté acurrucada en tus ojos.
Esté sometida a un nuevo bucle.
Esté comenzando de nuevo.

El paso

Si acaso un día me dijera el árbol de la serenidad,
que abraza la vaga y pasajera esfera de la luna... él me diría:

Duélame esa soledad de los tiempos, que te han visto alzarte
sobre las azoteas del vacío, y márcame como una cicatriz
la fría decencia en la cara.

Pasarás.
Pasarás de largo, viejo trino familiar,
como una duda pasa entre un porqué y su respuesta.

Así quedaría el árbol reducido a una mera estampa de la vista.
Como siempre. Como la solución a la resta de
mi percepción hacia su cometido.

Añorado, por quienes todavía huelen la hierba aun en el calor
del vientre, como quien sin mediar palabra absorbe de ti
la palabra.

Pensará que si llora veré un sauce.
Pensará que si adelgaza robaré sus brazos.
Pensará que si se agita morirá de hambre, porque su fruto
olvidaría el ir y venir de su sabia sangre.

Si acaso un día ese árbol diera vueltas sobre el mundo, liberaría
una noche presa de vanidades, será cadencia, disturbio,
admiración, color, abstinencia, y sobre todo será invisibilidad
entre tanta mirada de yeso y alambre.

Árbol de la conciencia que le hablas callado a
este poeta de instantes..., dame un paisaje olvidado

por quien bajo tu sombra fue niño, soñador y amante.
Alarga está taquicardia que en la lengua se me esparce, píntame
el sentimiento con el sol que te sobre y moja el viento, porque
llegará el día en que sean mis lágrimas las que te calmen.
Árbol férreo de mis ojos, entre tú y yo nadie.

Entre tú y mi vida todo.
Entre tú y mi muerte el aire.

El espejo

¿Qué le pasará a mi mano, que ya no adivina el mimbre?
Y espantado la acaricia, como rogándole el paso.
Que velado se desmorona, y clama ceniza y cisco,
enfermo y deshilachado.
Donde hubiere pertenencia, cálmense los pronombres,
los homenajes y huestes, las candelarias y alforjas,
el incienso y los penitentes.
El abrigo de la nada, frío y astuto.
Originado, raído y paciente.
¿Qué hay en mí que persevera y vuelve locos a los altares?
¿Qué clase de inocencia es esta?
Que partió hace años hacia mi mañana,
y sigue colmada de ayeres.
¿Qué clase de argucia es esta?
Que pide momentos de absenta,
y solo es medida en las barras, donde se beben las hieles.
¿Qué clase de solsticio es este?
Que vuelve siempre al inicio, calor y frío, fuego y nieve.
Siendo como amantes lejanos, que sin tocarse...
juegan a que se quieren.
Pactar conmigo quisiera, dos vidas por cada muerte.
Ser hoy un inmenso mañana, ser mañana un diminuto
presente. Vivir soñando que sueño,
dormir cuando el sueñe quiere.
Un triste origami en el pecho, me va oprimiendo y matizando.
Toma formas diferentes, y apalabrado se queda, que sus dobles
y sus arrugas llenen mi ardor, con los más negros poemas,
que en mi boca, sin remedio se me mueren.
Dije una vez frente al espejo:
Yo que conmigo parto.

Patria y potro, regadera y esparto, alacena y pan, delirio
y paso.
Epidemia y savia, prospecto y palo.
Espesura y solución, abstinencia y descaro.
Plenitud y vaguería, divinidad y retablo.
Pérdida, sorna y defectos.
Podredumbre, banalidad y asno.
¿Reflejo?...
Borroso, adoctrinado, plano.

Manijas, al manijero

Vivir de ti...
Poderoso acierto.
Y qué turbio este broche en la solapa.
Y qué oscuro envoltorio me apremia el pecho.
Voces de cuero y raso...
Manijas, al manijero.
Y me dé cuerda.
Y me arrastre.
Y sin escrúpulos me deje dormido, tras las cunetas del tiempo.
Muerto de frío, o de gozo, o de anchura..., pero pleno.
Por haber vivido gota a gota,
sangre a sangre, sobre el pálido minutero.
Que vivir de ti sea la broma, que el alma le gaste al cuerpo.
Riamos con ella, dolidos.
Lloremos con él, satisfechos.
No me quiero merecer.
No puedo sentirme ajeno.
No debo pedir el mundo.
No sé vivir sin reflejo.
No puedo exigirle a la mente...
que me sueñe, en cada sueño.
Ni a los ojos tu mirada.
Ni a las manos tu silencio.
Ni a mis cercanos sus metas.
Ni a mis lejanos su aliento.
Cuerpo borroso.
Borrosa estampa.
Borroso rostro.
Borroso el tiempo.
Pan y circo.
Cristal y arena.

Paso.
Poso.
Panal y cera.
Memoria.
Sinergia.
Hecho.
Respuestas...
Silencio y niebla.

La palabra

Yo que le pedí a la palabra
tantas horas de desvelo,
ahora vira el destino y acude temprano
el destierro a los bordes de la lengua.

Qué caprichoso el verbo prendido del paladar, esperando
que nadie vuelva a sentir ese olor a madera mojada,
presto para nombrar hijo pródigo al silencio.

El mar recupera una lágrima por cada nacimiento y es la saliva
espumosa, y también es elevada sobre las rocas de nácar,
frías y brillantes siendo muros para el espacio.

Cuando vuelva el despecho de las almas a necesitarse...,
veremos doblemente alejarse a la palabra, ebria, etílica,
pero con calma y miedo para relevar rendida a los cuerpos,
que balbuceando el paso con una mueca helada
en los labios perecen.

Quede un paraguas abierto tras la lluvia,
dispuesto a dar cobijo, a la última flor del susurro.

He aquí la nube mártir entre la frente y los ojos, mírala partir.

Lejos el deseo, la costumbre, el morir.
Mano a mano.
Cieno el cielo.
Cera en los rostros.
Raíces de arena.
Cuna de uñas, el pecho.

APARIENCIA

Que la aparente falta de ánimo no ensucie la pasión.
Y el remordimiento no ciegue el intento.
Adúlate, hasta matarte, y hasta dejar líquido el corazón.
El resto que sean palabras,
en otras bocas, disfrazadas de tu recuerdo.
Y que el dinero sea un vómito de empacho,
un bocado efímero.
Que se joda quien no entienda que vivir es vivir.
Yo me abandono.
Me expulso.
Me aparto.
Y aun así soy algo que soportar,
aunque no te guste.
Mando un beso al olvido,
que alguien o algo recogerá si se precia.
O no.
El alcohol y la existencia, bajo el sol y con quien sea.
Abrázame con los ojos, que no espero de ti más que tu estancia.
Ahora ya qué más da lo que piense y sientas...
Solo paso el día y me dejo un gramo de humanidad
en el bolsillo por si acaso.
Aunque casi nunca llega el instante de gastarla.
La esquina me mira, y me pide un céntimo de alma
para sentirse plena.
Pero creo que cada vez me quedan menos sorbos
y menos delirios.
¿Que qué le digo?
Pues eso.
¿Acaso alguien sabe más que yo de mí?
Pues claro, inocente.
Duérmete y calla.
Cállate y acepta.
Y si eso...
sigue adelante si puedes, si te atreves.
Si eso...

Así

Así soñaba yo, así sueño.
Cuerpo poderoso y noble, asfixiado.
Sueño y bordeo los sueños, como algo palpable,
adormecido yo.
Navegando en el silencio.
Así soñaba yo, así sueño.
Siempre arañando las alturas, los indicios, el alambre
de espino y el gozo. La bóveda de pulmón dormido,
de aire que sueña sueños.
Y se roza con los juncos, inmensamente pequeño.
Así soñaba yo, así sueño.
Parido de mil bocas, que den y quiten la razón,
a este querer siempre darme, tras todo.
Y canten entonces manos y llaves, sin puertas donde llamar,
sin cerraduras, ni pomos.
Así soñaba yo, así sueño.
Por esta pobre apatía,
pasaron lejanos los ojos,
por esta empatía sin ti.
Y de mirar y mirarte, cayeron sobre la tierra,
volviéndose color yodo.
Y me apiado de mi sombra y le acaricio, la negra llama
que prende.
Partamos ambos, rumbo a este que mira, a este que desea,
a este que irá siempre hacia lo diferente. Muriéndose mientras,
viviendo. Florecido y febril, pero siempre con
tu nombre susurrado entre los dientes.
Porque así soñé yo, así sueñe.
Perdido.
Arropado.
Idílico.
Absuelto.
Onírico.

Paciente.
Enamorado sobre cristales.
Amándote sin piedad.
Amándote sin saberte.
Amándote sin pertenecer.
Amándote sin estancias.
Amándote sin amantes.
Amándote con paciencia.
Amándote aun sin verte.
Amando a nada y a todo.
Soñando siendo...
Pasado.
Lejano.
Futuro.
Presente.

COMETA

Y como el agua responde al pálido manto de la vida,
ya no necesita el aire las cadenas,
ni el bravo canto el rugir de tus enaguas.
¡¡Oh!!, delicado estiércol en la boca del asno sonriente.
El que se cruza por delante de las agrias chumberas, cuando
el calor regala el hervor a las aguas turbias, de una mecedora ajena.
Abuela de hoja caduca siente sobre su lana la espera, y sus
dedos son zanahorias mordisqueadas por el tiempo. Tiempo,
conejo negro y ciego, balbuceando estrellas y pasajes eternos.
Allí, bajo las semillas me espera el incienso urdido, presto para
el encaje en el torso y la espalda del frío señor de los bolillos,
que es en mimbre ensimismado, y partícipe de la adoración
de la sangre y la cabra negra, tras la sombra de un espejo.
El agobio partió en un viaje de ida y miedo, flotando sobre
una cuerda sostenida por un espacio de melocotones lleno,
y así de naranja fue el llanto, del dulce lagrimal del cuero.
Premie esta hora el susurro, contándole lo que yo no puedo.
Aprisa, dardo certero, que hay una diana de coles
tras ese humano ungido en sudor y cieno,
que nos mira sonriente, roto, inflado y muerto.
Porque la muerte es azar y nuestra lengua un verdugo,
que va obedeciendo sus ruegos.
Amorosa bajo el muérdago, bífida en las plegarias
y feliz tras el infeliz, destrozado en el intento.
La sangre como el tomate, deja acidez en la herida
y una pista bajo el pomo de un portón con carcoma,
enamorado. Deshaciéndose poco a poco por amor herido,
y por no saber cerrarse mientras le van atravesando mil vientos.
Cómo explicarme a mí mismo todo esto que no entiendo.
Démosle margen al cardo mientras baja por el esófago camino
del mar enfermo, el mar de mis intestinos donde se quedó
tu nombre, navegando, bajo un interminable invierno.

CONFINAMIENTO

Árbol de tibias y raíz corrupta.
Que espera el vertido de una
palangana llena de ciencia.

La estirpe va húmeda sobre los tejados de arcilla,
derretidos.
Como cuerpos enamorados
en ida y vuelta perezosos.

Colores habituales sean pálidos.
En la elección.
Donde se halle presto
un incendio cromado,
bajo el tapiz de los laureles.

La mierda viene fecunda y pare
palabras entre los dientes.
Del hombre y de la mujer,
que abarcan
cada vez menos espacio
en su espacio.

La boca mengua.
Y pasa el dialecto, ebrio,
por los balcones del frío...
Y yo ya no sé si darme más oportunidades,
o perecer bajo las bayas
marcadas por el veneno.

La consciencia cuando es plana
deja de ser plena,
deja de ser espejo.

Y el cielo,
en la noche es vereda negra,
pura ligereza,
y es voraz trono de trajes...
tras los enjambres del cuerpo.

Por allí pase el cabrío desmayo
dando de comer al enfermo.
Anexo del alma errante.
De la quietud.

Sobre el abismo se posen
veinte miradas de duelo.
Unas miren a las otras...
Otras miren a lo lejos.

Dócil

Arrebatado parte el dócil sueño.
Como zorro de medianoche
que no deje vagar
sobre sus zarpas el lícito
duelo de estancias, donde permanecer debamos.

Altura sobre los poros nos eleve, llena de verdes remiendos.
Y la distancia sea breve,
entre la fresca albahaca
y el negro cielo.

A mí que quise ser lluvia...
barcos de fuego me dieron.
Para surcar las corrientes,
las dunas y los deseos.
Y partí sin querer ser la meta
camino a mi propio entierro.

Adormecidas las ganas vienen,
como raíces parturientas
sobre el suelo.
Y yo dejo que fermente
cada espacio,
entre arenas...
y allí dejo la palabra
recubierta por sal y harapos.

Abrigarme el desacierto
que muriendo está de frío,
por no tener unas manos
donde morir despierto.

Ayúdame, voz callada,
que recorres la sangre
desde la cabeza al miedo.

Dibuja una sombra en mi boca
donde habiten
las más dulces horas
que sin querer me debo.

¿A dónde irán los suspiros cuando se caigan al suelo?
Un canasto de mimbre y aire,
les sirva como blandura,
y como cordura, el silencio.
Allí con ellos he de ir...
para volver a ser dueño.

No duelas, dulce sentido,
más de lo que merezca.
Déjame ser rosa y espada
como si rosa y espada fueran...
dos verdades en mi boca.

Allí parta cabizbajo.
Allí quede la mirada.
Allí sepa que nunca.
Aquí sepa que nada.

De aplausos y soledades

En ocasiones hay un pequeño hilo conductor,
que se posa entre nosotros.
Pero no es rojo, es negro.
Y tras la quemazón de su paso...
no hay caricias, en los rincones del alma.
Ni un reproche, ni un te quiero.
Ni hay caminos, ni señales.
Ni lugares comunes, donde...
ni me esperas, ni te espero.
No permanecen los olvidos,
ni pasan de largo los pensamientos.
Ni la condición es certera,
ni el pelícano porta una serena respuesta,
en los abismos de su pico.
¿Dónde quedarán las uñas, incrustadas en la piel?
Piel, que será ceniza.
Cenizas, de árbol caído.
Por allí resopla aquel parón del tiempo, que nos produjo
el empacho, hasta vomitarnos de nuevo, saciados
ya de nosotros, sin ni siquiera habernos aún conocido.
De aplausos, y soledades vivo.
De sociedades en silencio.
De duras noches y días tibios.
De no buscar o esperar.
De pensar que estás ahí, como dormida en mis sueños.
De vaciarme cantando.
De llorar, escribiendo.
De reír con boca sellada.
De adoctrinarme, a mí mismo.
Quizás merezca mi parte de abriles sin flores,
y mis veranos negros.

Quizás le deba tanto al inmenso paso de los años,
que ahora me toque a mí achicar el agua turbia,
que está ensuciando mis ríos, que está inundando mis adentros.
¿Por qué me amparas, dureza?
¿Qué es este escudo tan frío?
¿Qué es esta cuna en la boca?
¿Esta anchura tras el pecho?
¿Estas luces que no guían?
¿Este ardor en los verbos?
¿Está manada de nadas, de nadies, de corazones sin brío?
Parto mil veces hacia mí,
en mis negruras, me adentro.
Y entre miles de sombras propias, nunca jamás me encuentro.
De aplausos y soledades.
De miles de ojos fijos.
De tantas energías lejanas.
De tanta lluvia en los párpados.
De tanta flor en el suelo.
De tanto pensar que fuimos...
Vuelvo mil veces a este punto.
Y aquí y ahora, de nuevo...
Soy mi mejor apoyo.
Soy mi peor enemigo.

De domingos y manos

Aquellas manos
que supieron amar hablando,
ahora son silencio de nada y hueso.
Desaparecidas de escena, sin huellas,
sin el tacto gratuito del espacio ocupado.
Las miro, y ya no las reconozco.
Ellas que tantos suspiros dieron cuando fui merecido.
Me autoacaricio en soledad para saberme amado,
al menos por mi propio ego.
Pero queda lejos ya el reclamo
del niño al hombre
que no quiere ni quiso ser herido.
Y sin embargo pasa los días añorado por él mismo,
desde una ventana antigua
donde aún se habla el idioma del recuerdo.
Mis manos pasan ya el puente
de los roces y los cristales
como si esplendorosa la hierba
fuese el manto del camino.
Pero ellas saben más que cien universos de uñas huérfanas,
de cutículas por corbata en
sus propios abismos.
¿Dónde estáis, amantes que fuisteis de la carne y la madera?
Os añoro.
Os necesito firmes
acariciándome el cerebro.
Como antes, siendo uno.
Un todo.
Un amante completo, en silencio.

DESDE MIS PROPIOS MUROS

Colgado de este encendido proceso de amarme...,
crece esa inquietud de mí.
Este ardor de ti.
De intrigas y miradas, a la nada.
De alumbramientos tras la esquina.
De sombras, a lo lejos del callejón.
Déjeme caer, desde las simples gotas del tiempo,
el que siempre nos pasa de largo.
Quiérame al alba, en tus ojos.
Débame, a mí mismo el peaje,
mientras tanto.
Organizando el estilo, en cajones de cera y hiedra...
Prendasen de yemas de dedo, y meditados roces.
De livianas rocas.
Y posibles cielos.
Y que los lobos escondidos tras las ventanas, miren fijamente
la arruga y el conocimiento, y aúllen cual velado entierro,
a este adiós en los ojos.
Hoy pretendo darme cientos de oportunidades, que sobre
mis dedos resbalen, y caigan nuevamente en mis manos,
convertidas ya en hilos tejidos, por miles de soledades.
Rojo encuentro.
Rojo tacto.
Rojo vórtice.
Roja arena.
Rojo amor.
Rojo celo.
Hoy, ya es un mañana, en la memoria del tiempo.
Y entre él y la nada...
Pongo ya sobre los raíles, este cuerpo hacia el futuro.
Lleno de vidas vividas.

Estancado en esta caldera.
Vacío de tanto que me he dejado levitando...
Y mirando sin querer verme.

EN MIS

En mis soledades nadie,
nadie perdura.
En mis soledades.
En mis soledades breve,
breve tu estancia.
En mis soledades.
En mis soledades oculto,
oculto brote.
En mis soledades.
En mis soledades parto,
parto hacia mí.
En mis soledades.
En mis soledades amo,
amo imaginando.
En mis soledades.
En mis soledades sueño,
sueño contigo.
En mis soledades.
En mis soledades procuro,
procuro acompañarme.
En mis soledades.
En mis soledades anoto,
anoto cada verbo.
En mis soledades.
En mis soledades miro,
miro y regrabo.
En mis soledades.
En mis soledades lloro,
lloro mis ayeres.
En mis soledades.

En mis soledades crezco,
crezco de alma.
En mis soledades.
En mis soledades quiero,
quiero ser tuyo, y ser tuyo no puedo.
En mis soledades.
Y en mis arrebatos sociables
quiero ser de todo el mundo.
Quiero alimentarme de todos.
Quiero arrebataros el ruido, la energía, la complicidad
y el ardor, la cercanía, el ímpetu y los secretos.
Pero sobrepasado por mí, paso ligero entre todos...
y a mis soledades vuelvo.
Y en mis soledades vivo.
En mis soledades fluyo,
en mis soledades muero.

PARTE III
CALAMBRES

I
Susurros

Y ese día pasaré por ti, como algo que quedará escondido
en tus rincones privados.
Y que alguna que otra vez brotará como una raíz dormida,
escondida en la comisura de tus labios, tras una leve sonrisa.
Amor mío, que aún no eres.
Siento que ya me estoy yendo, deseando volver a verte.
Como una capucha sin nombre.
Tras una friolera de años.
Como un sin saber a dónde.

2
Cátedra, soledad y asiento

Cada vez descubro más,
el mundo interminable que hay en mí.
Tan sorprendente, tan apasionante, tan privado e infinito.
Pero que es algo menos interesante si he de recorrerlo solo,
sin poder compartir mis bellezas y miserias…
En otras salas de estar.
Qué difícil me es ahora, amar en segunda persona.
Y cada vez me doy más cuenta, que soy demasiado yo.
Para llegar a ser un nosotros.

3
SUBCONSCIENTE

En ocasiones, mi subconsciente llega a ser el ser más malvado,
cruel y despiadado que he conocido jamás.
Pero lo peor de todo es que habita en mí.
Y eso me causa tal pavor y desconcierto, que me obliga a ser
mejor persona, después de cada pensamiento no controlado
de su malvada presencia.
¿El subconsciente es la verdadera idea?
¿Es el verdadero pensamiento?
¿Es la forma y la causa de la verdad?
¿Es la verdadera voz del alma?
Yo dejo de saber quién soy, cada vez que me domina
y brevemente me convierte en un monstruo despreciable,
malintencionado, frío y disfrazado de buenas intenciones.
O también en un magnífico ser humano, comprensivo,
empático, amable y entregado, aun estando disfrazado
de mil infiernos.
No voy a pensar más en él, porque él no piensa en mí.
Definitivamente, el subconsciente es la parte más libre de mí,
por lo tanto, también la más incontrolable, inagotable y...
¿real?
A su merced quedo.
Y solo la vida que pueda llegar a vivir, y mis actos en su favor
o su contra, definirán mi adiós, y lo dejará en las memorias
ajenas con una sonrisa perpetua, o un desprecio infinito.

4
NADA DE NADIE

Cuando el sueño te lo quitan los nada, y no los nadie...
Parte de ti bordea un abismo lleno de esperas.
Cuando el sueño vuelve...
Nada y nadie acaban de conocerse.
Y tú comienzas a caer en esa nada de nadie,
que soñando está contigo.
La felicidad mejora la visión.
La pena, la crea.
Y caminamos.
Caminamos a diario con el pasado en la cara.
Pero el pasado no es un atrás, es siempre un adelante.
El pasado es una vida, que está ansiosa por vivir.

5
AMIGO

Y en el aire vienes a mí,
y de nuevo te vas como queriendo arrastrarme.
Porque me propones horas burdas, telares romos, y anhelo.
Y me dejas crudo y velado.
Acá, como una discreta palabra que se murmure partiendo.
Y me pides estrellas, harapos y tiempo.
Y me quieres tras tu muro.
Y me pides que atardezca en mí el verbo, la hoja escarpada,
y la deformación de los hechos.
Siendo así...
Procura dejarme alado, contenido y presto.
Procura, infalible, mirar la luna y abrazar el hueso muerto.
Procura ser dos escasos segundos, repartidos por mis dedos.
Tóqueme con ellos las sienes, y hiéranme sus huellas,
en el pensamiento.
Reciprocidad futura.
Alma de alambre.
Llegó el agua siendo densa y la batimos,
hasta volverla sangre.
Vuelva la noche y me arrope,
contigo atado a los sueños.
Y así vernos corriendo y jugando, una vez más...
Tras un bote lleno ya de vacíos, entre tus dientes,
entre tú y yo.
Yo callado, tú, sonriendo.

6
RUIDO EN EL SILENCIO

Pobre niño, que no quiere amanecer en el hombre.
Y dormido ve pasar las esferas, y los infiernos, el aire vacío
y las dobles formas del cuerpo.
Pobre niño, que anula el avance, consiente los lastres
y aminora el sueño. Como enredado en plástico y cuerdas,
solo moviendo los ojos, eternamente mirando.
Pobre niño que no avanza, ni deja aumentar el riego.
Y sigue allí donde murió, y nació, y volvió a morir de nuevo.
Pobre niño enmarañado.
En un patético olvido.
Reventado en mil pedazos,
respirando anocheceres, estando aún,
recientemente amanecido.
Pobre dibujo en los ojos.
Pobre sombra venidera.
Pobre raíz sin oasis.
Pobre estampa con heridas.
Ponte virtud sin carcasa.
Pobre noria dolorida.
Pobre hombre que no crece.
Pobre niño, el que lo mira.

7
SILENTE

¿Dónde has estado, tan invisible a mis ojos?
¿Dónde reposó tu tiempo?
Ahora, que casi bordeo tu cancela...
podemos vernos sin vernos.
Hiriendo cristales.
Devorando las distancias.
Vestidos de muerte y rosas.
Rompiendo el ardor de los sueños.

8
Y YO BUSCANDO

Si algún día,
delante de un simple edificio,
parque,
colegio,
cosa.
Sientes nostalgia, melancolía y sentimientos como si algo
de ti se tratara.
Como si lo quisieras o hubieras querido.
Ese día fue o será el que más cerca hayas estado de ti mismo.
¿Te ha pasado?
Expresión,
extensión,
expansión.
¿Evolución?
¿Y por qué no?
Amar.
Sin más.
Y yo contándote cuentos.
Y tú buscando en humanos.

9
FOTOCOPIAS

Ni el jodido cielo, ni el tan ansiado infierno
deje destapadas vuestras fotocopiadas vidas
y nuestras pagadas vergüenzas manufacturadas.
El clarinete de nuestras voces ya ni suena ni quiere ser tocado,
relleno de pedradas bochornosas, de cieno celeste,
de cerbatanas invertidas, y encima, ¿te atreves a mirarme?
¿Y yo? Aquí, queriendo contestarte como igual.
Qué desperdicio utilizar esta precoz y octogenaria estadística
que llamamos vida en creernos especialidades a la carta.
Y no hay más menú que el dictado.
Álcese sobre todos un gran pájaro desplumado
que vomite miles de sogas donde acabemos todos callados.
Un punto, un puto punto somos sobre el inacabable
e inalcanzable mapa del cosmos y aun así...

DI TU NOMBRE

Si buscas llenar vacíos, vacíos te llegan. Llenos de nadería,
de errores comunes cargados de un rutinario volver a empezar.
Dale tiempo a tu silencio, escúchate más allá, y háblate.
Y al hablarte di tu nombre, por encima de todas las cosas.
Cada vez, más impaciencia.
Cada vez, más embrollos.
Cada vez, más competencias.
Buscamos llenar vacíos que están ya desbordados de lluvia,
sales y barro buscando nuevos amores, baratos, de red social
o desplazamiento a la derecha.
Donde carne y quietud hacen soñar a los ojos,
endurecer el estómago y agarrotar los sentimientos.
Y ya estamos todos incluidos en este nuevo método,
en esta fría realidad.
Buscando, se encuentra mucho.
Esperando, se encuentra el tiempo.
Dejándose ir, se encuentra el modo.
Viviendo, llegan los sueños.
Soñando, se encuentra todo.

ÍNDICE

Parte II. Autómata

Parte III. Calambres